ORÄNDSCH Workbook Band 3

Irregular Verbs | Simple Past | Present Perfect | Signalwörter | Will-Future | Going-to-Future
Englische Grammatik endlich leicht! Trotz LRS und Lernschwierigkeiten

Autorin: Miranda Jehle

Fachberatung: Petra Göpfrich

Lektorat: Patrizia Nietzschmann

Graphiken/Fotos: Miranda Jehle

Bibliografische Information der Deutschen Nationalbibliothek: Die Deutsche Nationalbibliothek verzeichnet diese Publikation in der Deutschen Nationalbibliografie; detaillierte bibliografische Daten sind im Internet über dnb.dnb.de abrufbar.

Verlag LRS meetz Englisch, Deggenhausertal (Baden-Württemberg)
www.lrs-meetz-englisch.de

Druck: Libri Plureos GmbH, Friedensallee 273, 22763 Hamburg

Verlag LRS meetz Englisch 2024

ISBN 978-3-9823420-1-6, Softcover

1. Auflage

Die Autorin

Miranda Jehle ist seit 2012 Lerntherapeutin mit dem Schwerpunkt Englisch lernen mit Lese-Rechtschreib-Schwäche. Für die gezielte Förderung ihrer Schüler entwickelte sie hochstrukturierte Übungen, die sie unter dem Namen ORÄNDSCH zusammengefasst und veröffentlicht hat.

ORÄNDSCH Workbook Band 3

Irregular Verbs | Simple Past | Present Perfect | Signalwörter | Will-Future und Going-to-Future

Inhaltsverzeichnis

Vorwort

Liebe Lernbegleiter,

ich freue mich, Ihnen das ORÄNDSCH-Workbook Band 3 vorzustellen.

Dieses Workbook wurde in der lerntherapeutischen Praxis entwickelt, um Schülern mit massiven Verständnisproblemen den Einstieg in die erste Fremdsprache zu erleichtern. Ziel ist es, fehlende Grundlagen systematisch nachzuholen und wieder Anschluss an den Unterricht zu finden.

Sobald sich die Schüler eine sichere Basis in Grammatik und Grundwortschatz erarbeitet haben, kehrt die Motivation zurück. Die zuvor unüberwindbar wirkende Stoffmenge wird beherrschbar, Fortschritte werden sichtbar – und Erfolg wird messbar.

Ich wünsche Ihnen, dass Sie das ORÄNDSCH-Konzept als hilfreiche Ergänzung Ihrer Lehrmaterialien erleben – ohne zusätzlichen Aufwand, aber mit spürbarer Entlastung im Lernalltag.

Ohne Lernfrust, dafür mit Freude am Englischen.

Miranda Jehle

Autorin und Herausgeberin

Häufige Fragen

Wann ist der beste Zeitpunkt, das ORÄNDSCH-Konzept einzusetzen?

Das **Workbook Band 3** wird unterrichtsbegleitend oder zum Nachholen von Lerninhalten eingesetzt.
Die sichere Kenntnis der Inhalte von **ORÄNDSCH Workbooks Band 1 und 2** wird vorrausgesetzt.

Welche besonderen Herausforderungen haben Schüler mit LRS?

Schüler mit LRS benötigen deutlich mehr Wiederholungen, bis neue Wörter sicher gespeichert sind. Kurze, regelmäßige Übungssequenzen, lautes Mitsprechen und multisensorische Lernmethoden sind entscheidend.

Gerade zu Beginn empfiehlt es sich, einzelne Übungsblätter drei- bis fünfmal zu wiederholen. Kurze Wiederholungen sind der Schlüssel.

Sobald die erste Unsicherheit überwunden ist, arbeiten die Schüler zunehmend schneller und sicherer.

Ist ORÄNDSCH nur für LRS-Schüler geeignet?

Nein. Das Konzept unterstützt alle Schüler mit Lernschwierigkeiten. Die reduzierte Gestaltung, klare Struktur und das einfache Vokabular erleichtern die Konzentration auf das Wesentliche.

Ist es wichtig, mit Kapitel 1 zu beginnen?

Ja. Bitte beginnen Sie immer mit Kapitel 1, um Wissenslücken zu vermeiden. Die Basisformen müssen ohne Ausnahmen sicher beherrscht werden.

Nehmen Sie sich an schwierigen Stellen bewusst Zeit. Wiederholungen stärken die Sicherheit – und Sicherheit motiviert.

Warum ist ORÄNDSCH besonders geeignet?

Das Trainingskonzept basiert auf erprobten Verfahren des Legasthenie- und LRS-Trainings:

- Keine Ähnlichkeitshemmung
- Reduzierte, klare Erläuterungen
- Mündliches Training vor schriftlichem Training
- Systematischer, kleinschrittiger Übungsaufbau
- Zwei- und Drei-Wort-Sätze
- Einfaches, kontrolliertes Vokabular
- Schlichte, ablenkungsfreie Gestaltung
- LRS-freundliche Druckschrift (mind. 14 pt, Sueddruck)
- Möglichkeit zur selbstständigen Kontrolle mithilfe der Lösungen

Wichtige Trainingstipps

Beachte von Anfang an die Großschreibung bei deinen Übungen

Jm Englischen ist die Großschreibung etwas einfacher als im Deutschen.
Eigentlich sollten wir von der englischen *Kleinschreibung* sprechen.
Denn die wichtigste Regel für den Englisch-Anfangsunterricht lautet:

Alle Wörter werden **klein** geschrieben, **außer**
➢ **J** = ich ➢ dem Satzanfang: ***He is nice.*** ➢ **Namen**, vor allem von Personen und Ländern: ***Tim, Germany***

Abb. 1 Die englische Großschreibung als Spickzettel

Neue Formen zuerst mündlich mit Karteikarten üben

➢ Beispiel: ***night***

1. Wort genau anschauen. Das englische Wort lesen **als sei es deutsch**: *nig-h-t.*
   Anmerkung: Diese Methode garantiert die richtigen Buchstaben in der richtigen Reihenfolge.
   Die korrekte englische Aussprache leidet **nicht** unter dieser Methode.
2. Das Wort in englischer Aussprache sprechen: [nait]
3. Die Bedeutung laut sprechen: *Nacht*

Schreibroutine

➢ Für die Schreibroutine empfiehlt sich ein Vokabelheft in Din A5, 2-spaltig (siehe Abb. 2).
➢ Schreibe einfach über die Doppelseite hinweg, sodass du für eine Vokabel vier Spalten nutzt.

Gehe nach folgendem Schema vor:

1. Englisches Wort anschauen, englisch aussprechen, dann wie deutsch lesen >> *nig-h-t*
2. Die Karte umdrehen. Einmal aus dem Gedächtnis schreiben.
3. Kontrollieren.
4. Noch dreimal aus dem Gedächtnis schreiben.

Zum Training mit den Arbeitsblättern

➢ Die Grammatik-Begriffe werden der Vollständigkeit halber erwähnt. Zum Verständnis der Formen reicht es, diese Begriffe zu besprechen. Für Klassenarbeiten ist es hilfreich, die Begriffe zu kennen.
➢ Erst, wenn die Formen **aus dem Gedächtnis** abrufbar sind, mit den **Arbeitsblättern** üben.
➢ Jede Übung drei- bis fünfmal wiederholen mit Kopien. Bei jeder Wiederholung klappt es besser!
➢ Bitte am Anfang einen **Spickzettel** zur Kontrolle der neuen Formen verwenden.

Die Übungen mit dem kleinen Auto

- Die *Auto-Übungen* sollten alle paar Wochen als Kopie wiederholt werden. Das bringt Sicherheit und Tempo!
- Wenn eine *Auto-Übung* Unsicherheiten zeigt, können diese Formen noch einmal wiederholt werden.
- *Auto-Übungen* können als kleiner Test verwendet werden.

Abb. 2: Ein 2-spaltiges Vokabelheft 4-spaltig nutzen

Mehr Tricks und Tipps zum gehirnfreundlichen Vokabellernen bei LRS meetz Englisch

>> https://www.lrs-meetz-englisch.de/blog

Abb. 3 Lernen mit allen Sinnen

1 Unregelmäßige Verben *(Jrregular Verbs)*

1.a) Die Herausforderungen

- Bei der Zeitform Einfache Vergangenheit *(Simple Past)* müssen sich Schüler erstmals mit den unregelmäßigen Verben auseinandersetzen.
- Genauso wie im Deutschen werden die Formen der Vergangenheit (2. Form) und die des Partizips (3. Form) bei vielen Verben **unregelmäßig** gebeugt.
- Jn der sechsten Klasse müssen schon ca. 60 unregelmäßige Verben gelernt werden.
- Auch wenn am Ende der Klasse 5 zunächst nur die **2. Form für das Simple Past** wichtig ist, **bitte die 3. Form parallel dazu lernen**.
- Die **drei Formen hintereinander, z. B. *go went gone*,** prägen sich leicht ein. Die 3. Form lässt ohnehin nicht lange auf sich warten, denn das *Present Perfect* in Klasse 6 folgt schon bald darauf (je nach Bundesland).

Abb. 4 Zu Übung 1.2

1.b) Regelmäßige und unregelmäßige Verben im Deutschen und Englischen

➢ Beispiele für das **regelmäßige** Beugen der Verben

Übung 1.1

Erkennst du die Regel für die 2. Form im Deutschen?

Markiere die entsprechenden Silben.

Erkennst du die Regel im Englischen ? Markiere.

Grundform 1. Form	**Vergangenheit** **2. Form**	Partizip 3. Form
ich spiele *J play*	**ich spielte** ***J played***	ich habe gespielt *J have played*
ich koche *J cook*	**ich kochte** ***J cooked***	ich habe gekocht *J have cooked*

Tab. 1

➢ Beispiele für das **unregelmäßige** Beugen der Verben

Wie wird die **2. Form** bei den **unregelmäßigen** Verben gebildet? Markiere.

Grundform 1. Form	**Vergangenheit** **2. Form**	Partizip 3. Form
ich spreche *J speak*	**ich sprach** ***J spoke***	ich habe gesprochen *J have spoken*
ich tue *J tell*	**ich tat** ***J told***	ich habe getan *J have told*

Tab. 2

<<< Übung 1.2 Erkläre den Text in der Sprechblase von Abb. 4

1.c) Unregelmäßige Verben nach Lautgruppen sortiert

Beispiele

- Gruppe 5 ist die einfachste, denn da sind **alle drei Formen identisch**.
- Bei Gruppe 6 sind immerhin die **zweite und dritte Form identisch**.
- Schwierige Verschriftungen wie ***-ought*** lassen sich im Bündel leichter abspeichern.

buy	b**ought**	b**ought**
fight	**fought**	**fought**
bring	br**ought**	br**ought**

Tab. 3

Die Gruppen können nach eigenem Geschmack **farblich unterschieden und/oder mit eigenen Bezeichnungen** versehen werden.

Beispiele

Gruppe (gelb) >> -ew-Gruppe: *know – knew – known*

Gruppe 2 (blau) >> -a-u-Gruppe: *sing – sang – sung*

>> Lernspiel-Tipp für die Unregelmäßigen Verben:

Das Kartenspiel TRIPLE English von www.leno-verlag.com

>> Doc-Datei mit den Lauttabellen zu den Unregelmäßigen Verben

https://eduki.com/de/171660

Aus der Tabelle mit den unregelmäßigen Verben lässt sich auf einfache Weise eine individuelle Übung gestalten.

Der Schüler oder der Trainer streicht mit einem Korrekturroller ein bis drei Formen aus der Formen-Tabelle, sodass eine Lückentabelle entsteht.

Die Lückentabelle könnte zum Beispiel so aussehen:

Übung 1.3 Eine Lückentabelle mit **-en**-Verben (Gruppe 4)

		written	schreiben
take	took		
give			geben
	fell		
eat	ate		essen
	spoke		sprechen
break		broken	
	forgot		vergessen
		driven	
ride			

1.d) Tabelle nach Lautgruppen

1. Form *Grundform*	2. Form *Einfache Vergangenheit*	3. Form *Partizip*	Bedeutung
Gruppe 1			
know	knew	known	kennen, wissen
fly	flew	flown	fliegen
Gruppe 2			
sing	sang	sung	singen
drink	drank	drunk	trinken
swim	swam	swum	schwimmen
begin	began	begun	beginnen
run	ran	run	rennen

Tab. 4

1. Form *Grundform*	2. Form *Einfache Vergangenheit*	3. Form *Partizip*	Bedeutung
Gruppe 3			
come	came	come	kommen
become	became	become	werden
Gruppe 4			
		-en	
speak	spoke	spoken	sprechen
break	broke	broken	brechen
forget	forgot	forgotten	vergessen
drive	drove	driven	fahren
ride	rode	ridden	reiten
write	wrote	written	schreiben
take	took	taken	nehmen
give	gave	given	geben
fall	fell	fallen	fallen
eat	ate	eaten	essen

Tab. 5

1. Form Grundform	2. Form Einfache Vergangenheit	3. Form Partizip	Bedeutung
Gruppe 5			
	alle drei gleich		
read	read [red]	read [red]	lesen
let	let	let	lassen
cut	cut	cut	schneiden
put	put	put	setzen, stellen, legen
hit	hit	hit	schlagen
cost	cost	cost	kosten
hurt	hurt	hurt	verletzen

Tab. 6

1. Form *Grundform*	2. Form *Einfache Vergangenheit*	3. Form *Partizip*	Bedeutung
Gruppe 6			
	gleiche Formen		
bring	brought	brought	bringen
buy	bought	bought	kaufen
think	thought	thought	denken
teach	taught	taught	unterrichten
find	found	found	finden
make	made	made	machen
have	had	had	haben
sit	sat	sat	sitzen
pay	paid	paid	bezahlen
hear	heard	heard	hören
mean	meant	meant	meinen
learn	learnt	learnt	lernen
stick	stuck	stuck	kleben
tell	told	told	erzählen
win	won	won	gewinnen
lose	lost	lost	verlieren
stand	stood	stood	stehen

Tab. 7

1. Form Grundform	2. Form Einfache Vergangenheit	3. Form Partizip	Bedeutung
keep	kept	kept	behalten
sleep	slept	slept	schlafen
send	sent	sent	schicken
meet	met	met	treffen
leave	left	left	verlassen
feel	felt	felt	fühlen
feed	fed	fed	füttern
light	lit	lit	anzünden

Tab. 8

1. Form Grundform	2. Form Einfache Vergangenheit	3. Form Partizip	Bedeutung
Gruppe 7			
wear	wore	worn	tragen
tear	tore	torn	reißen
swear	swore	sworn	schwören
show	showed	shown	zeigen

Tab. 9

1.e) Übungen mit regelmäßigen und unregelmäßigen Verben

Übung 1.4 Es ist **ein regelmäßiges** Verb in jeder Reihe versteckt.

Finde es heraus und unterstreiche es.

Schreibe es noch einmal in der **Grundform** *(Jnfinitive)* und mit der ***ed-Form.***

	Grundform	-ed
say, dance, sing	*dance*	*danc**ed***
1. understand, drive, check		
2. fly, plan, begin		
3. hit, love, hurt		
4. happen, run, pay		
5. stick, look, speak		
6. send, leave, cry		
7. live, cost, hear		
8. find, answer, lose		
9. want, tell, sit		
10. sell, drink, open		
11. look, eat, hear		
12. drink, visit, keep		
13. begin, ask, know		
14. do, carry, take		
15. stay, feel, sleep		

Übung 1.5 Es ist **ein regelmäßiges** Verb in jeder Reihe versteckt.

Finde es heraus und unterstreiche es.

Schreibe es noch einmal in der **Grundform** *(Jnfinitive)* und mit der ***ed-Form***.

swim, collect, tear, rise	*collect*	*collect**ed***
1. read, play, see		
2. listen, go, make		
3. know, help, think		
4. like, write, eat		
5. bring, cut, clean		
6. watch, be, meet		
7. put, cook, teach		
8. lie, shine, stop		
9. sink, choose, borrow		
10. collect, ring, shut		
11. run, ride, finish		
12. send, talk, write		
13. understand, step, cut		
14. arrive, think, make		
15. come, follow, get		

Übung 1.6

Jn welcher Spalte oder in welchen Spalten der **unregelmäßigen** Verben können folgende Formen stehen? Unterstreiche.[1]

have 1. Spalte 2. Spalte 3. Spalte	**met** 1. Spalte 2. Spalte 3. Spalte
went 1. Spalte 2. Spalte 3. Spalte	**say** 1. Spalte 2. Spalte 3. Spalte
slept 1. Spalte 2. Spalte 3. Spalte	**put** 1. Spalte 2. Spalte 3. Spalte
come 1. Spalte 2. Spalte 3. Spalte	**seen** 1. Spalte 2. Spalte 3. Spalte
do 1. Spalte 2. Spalte 3. Spalte	**caught** 1. Spalte 2. Spalte 3. Spalte
made 1. Spalte 2. Spalte 3. Spalte	**swam** 1. Spalte 2. Spalte 3. Spalte
broken 1. Spalte 2. Spalte 3. Spalte	**knew** 1. Spalte 2. Spalte 3. Spalte

1 Mit freundlicher Genehmigung von www.englisch-hilfen.de, Aufgaben-Nr. 3648

Übung 1.7 Unregelmäßige Verben.

Setze die fehlenden Wörter in die Lücken ein.

1. Form	2. Form	3. Form	Bedeutung
stand	*stood*	stood	*stehen*
1.	wrote		
2.	sang		
3.	got		
4.	slept		
5.		stood	
6.		left	
7.	made		
8.		brought	
9.	ate		
10. teach			
11.		given	
12.	said		
13.		thought	
14. read			

Übung 1.8 Unregelmäßige Verben.

Setze die fehlenden Wörter in die Lücken ein.

1. Form	2. Form	3. Form	Bedeutung
stand	*stood*	stood	*stehen*
1.		worn	
2.		had	
3.	stood up		
4.	heard		
5.		put	
6. forget			
7.	meant		
8.		told	
9.		spoken	
10.		met	
11.	went		
12.		flown	
13. drive			

2 Einfache Vergangenheit *(Simple Past)*

Erläuterungen zur Verwendung des *Simple Past* siehe Seite 56.

2.a) *was/were*

ich war	*J was*
du warst	*you were*
er war	*he was*
sie war	*she was*
es war	*it was*
wir waren	*we were*
ihr wart	*you were*
sie waren	*they were*

Tab. 10

Trainiere die sechs neuen Formen *J was, you were...* mit Hilfe von selbstgeschriebenen Kartenkarten mündlich, bis du die Formen auswendig kannst.

Übung 2.1 Übersetze.

1. ich war	
2. du warst	
3. er war	
4. sie war	
5. es war	
6. wir waren	
7. ihr wart	
8. sie waren	
9. du warst	
10. ich war	
11. sie war	
12. es war	
13. er war	
14. ihr wart	
15. du warst	
16. ich war	
17. wir waren	
18. ich war	

Übung 2.2 Übersetze in die Langform.

1. ich war nicht	
2. du warst nicht	
3. er war nicht	
4. sie war nicht	
5. es war nicht	
6. wir waren nicht	
7. ihr wart nicht	
8. sie waren nicht	

Übung 2.3 Übersetze in die Langform.

1. wir waren nicht	
2. sie war nicht	
3. du warst nicht	
4. es war nicht	
5. ihr wart nicht	
6. sie waren nicht	
1. ich war nicht	
2. er war nicht	

2.b) *wasn't/weren't*

Bei den Kurzformen wird ein Vokal weggestrichen, um das Wort abzukürzen.

Stattdessen wird ein Häkchen ' gesetzt. [2]

Übung 2.4 Übersetze in die Kurzform.

J was not	⇨	*J wasn't*	[wasnt][3]
you were not	⇨	*you weren't*	[werent][28]
1. he was not	⇨		
2. she was not	⇨		
3. it was not	⇨		
4. we were not	⇨		
5. you were not	⇨		
6. they were not	⇨		

Übung 2.5 Übersetze in die Kurzform.

1. du warst nicht	
2. er war nicht	
3. wir waren nicht	
4. ich war nicht	
5. sie waren nicht	
6. sie war nicht	
7. ihr wart nicht	
8. es war nicht	

2 Häkchen = Apostroph.

3 wird mit geöffenten Lippen gesprochen [uesnt] und [uerent]

Übung 2.6 Übersetze.

1. ich war nicht	
2. du warst	
3. er war nicht	
4. sie war nicht	
5. es war	
6. wir waren nicht	
7. ihr wart	
8. sie waren nicht	
9. du warst	
10. ich war	
11. sie war nicht	
12. es war nicht	
13. er war	
14. ihr wart	
15. du warst nicht	
16. ich war nicht	
17. wir waren nicht	
18. ich war	

2.c) Vollverben in der Einfachen Vergangenheit

Zu Beginn wird mit den **regelmäßigen** Verben trainiert.

Übung 2.7 Bilde die Einfache Vergangenheit.

Lies die neue Form laut.

Die neue Form bleibt **einsilbig**.

	Grundform + -ed	**Aussprache**
1. help		einsilbig: [helpt]
2. clean		
3. watch		
4. look		
5. shout		
6. walk		
am Wortende ist bereits ein stummes e: -d		
7. joke		
8. share		
9. care		
10. live		

Abweichende Schreibregeln bei folgenden Verben:

- Aus ***stop*** wird ***stopped***:

  Bei Grundformen mit einem **Kurzvokal** und **Endkonsonant**

  wird zusätzlich zum *-ed* der **Endkonsonant gedoppelt.**
- Obwohl dabei ein zweisilbiges Wort entsteht,

  bleibt die Aussprache einsilbig [stopt].
- ***-ck*** ist bereits ein gedoppelter Endkonsonant und wird zu ***-cked***.

Übung 2.8 Bilde die Einfache Vergangenheit.

		Sprich laut
stop	*stopped*	[stopt]
1. tip		[tipt]
2. shop		
3. tick		
4. trick		
5. drop		
6. top		
7. flip		
8. travel		
9. prefer		Betonung auf 2. Silbe

Übung 2.9 Grundformen, die auf ein ***gesprochenes -t*** enden.

einsilbig	***-d***	Sprich laut in zwei Silben
1. hate		ha ted *hassen*
2. skate		
3. rate		*bewerten*
4. invite		*einladen*
	-ed	
5. want		*wollen*
6. paint		*malen*
7. wait		*warten*

Übung 2.10 Grundformen, die auf ***Konsonant und -y*** enden.

-y	***-ied***	Sprich laut
1. co**py**		[kopid]
2. stu**dy**		*lernen*
3. en**vy**		*beneiden*
4. c**ry**		[creid] *weinen*
5. de**ny**		[dineid] *ablehnen*

Übung 2.11 Übung mit gemischten Verben. Bilde die Einfache Vergangenheit.

call	called
6. clean	
7. cook	
8. drop	
9. fit	
10. hate	
11. help	
12. joke	
13. live	
14. look	
15. mix	
16. pull	
17. share	
18. skate	
19. talk	
20. tick	
21. trip	
22. walk	
23. watch	
24. use	

Übung 2.12 Übersetze in die Einfache Vergangenheit.

J play	*J played*
1. J live	
2. you help	
3. he walks	
4. they kick	
5. we paint	
6. she dances	
7. you talk	
8. J look	
9. you jump	
10. it closes	
11. he asks	
12. she learns	
13. J guess	
14. we ask	

Übung 2.13 Übersetze in die Einfache Vergangenheit.

J play	*J played*
1. he questions	
2. J hurry	
3. she turns	
4. we flip	
5. they cover	
6. you wash	
7. they elect	
8. J compose	
9. he destroys	
10. we show	
11. J ask	
12. she decides	
13. you cook	
14. it fits	

2.d) Verneinung mit *didn't*

- Wenn du die **Verneinung der Vollverben mit *don't/doesn't*** aus dem *Orändsch Workbook Band 2* sicher beherrschst, wird dir die **Verneinung mit *didn't*** leicht fallen.
- Die Einfache Vergangenheit (*played, helped …*) darf **nicht** einfach mit *not* verneint werden.
- Stattdessen wird ***did not/didn't*** verwendet.

Übung 2.14 Welcher Buchstabe wurde mit dem Häkchen ersetzt?

	Langform		**Kurzform**
J			
you			
he			
she	did not	→	*didn't*
it			
we			
you			
they			

Tab. 11

Es gibt es eine Eselsbrücke:

Beispiel	Jch spielte nicht.		
Eselsbrücke	Jch	tat nicht	spielen.
Langform	***J***	***did not***	***play.***
Kurzform	***J***	***didn't***	***play.***

Tab. 12

(Bitte diese Übung auslassen, wenn die Eselsbrücke verwirrt.)

Übung 2.15 Übungen mit Eselsbrücke.

ich tat nicht spielen	
J did not play	*Kurzform: J didn't play*
1. er tat nicht spielen	
he did not ...	he ...
2. sie tat nicht spielen	
she ...	
3. es tat nicht spielen	
4. wir taten nicht spielen	
5. sie taten nicht spielen	

Übung 2.16 Übersetze. Aussage und Verneinung mit *didn't* im Wechsel.

1. er mochte		*like*
2. er mochte nicht		
3. du mochtest		
4. du mochtest nicht		
5. wir spielten		*play*
6. wir spielten nicht		
7. ihr spieltet		
8. ihr spieltet nicht		
9. sie kochte		*cook*
10. sie kochte nicht		
11. wir kochten		
12. wir kochten nicht		
13. es regnete		*rain*
14. es regnete nicht		

Übung 2.17 Übersetze. Aussage und Verneinung mit *didn't* im Wechsel.

1. ich redete		*talk*
2. ich redete nicht		
3. sie redete		
4. sie redete nicht		
5. ihr spieltet		
6. ihr spieltet nicht		
7. wir liebten		*love*
8. wir liebten nicht		
9. er liebte		
10. er liebte nicht		
11. ich stoppte		*stop (!)*[4]
12. ich stoppte nicht		
13. sie stoppten		
14. sie stoppten nicht		

4 (!) Beachte die Rechtschreibung

Übung 2.18 Übersetze. Aussage und Verneinung mit *didn't* im Wechsel.

1. er plante		*plan(!)*
2. er plante nicht		
3. du plantest		
4. du plantest nicht		
5. wir besuchten		*visit*
6. wir besuchten nicht		
7. sie besuchten		
8. sie besuchten nicht		
9. sie trug		*carry (!)*
10. sie trug nicht		
11. wir trugen		
12. wir trugen nicht		
13. ich tanzte		*dance*
14. ich tanzte nicht		

Übung 2.19 Übersetze. Aussage und Verneinung mit *didn't* im Wechsel.

1. sie benutzten		*use*
2. sie benutzten nicht		
3. sie benutzte		
4. sie benutzte nicht		
5. wir versuchen		*try (!)*
6. wir versuchen nicht		
7. er versuchte		
8. er versuchte nicht		
9. ich wusch		*wash*
10. ich wusch nicht		
11. sie wuschen		
12. sie wuschen nicht		
13. er wusch		
14. er wusch nicht		

2.e) Einfache Vergangenheit mit den Unregelmäßigen Verben

Die einfache Vergangenheit eines **unregelmäßigen** Verbs

wird mit Hilfe der **2. Form** gebildet.

Beispiele

1. Form Grundform (Gegenwart)	2. Form Einfache Vergangenheit	3. Form Partizip
J give	*J gave*	*given*
ich gebe	ich gab	gegeben
J go	*J went*	*gone*
ich gehe	ich ging	gegangen

Tab. 13

Die **Verneinung eines unregelmäßigen Verbs** verläuft genauso wie bei den **regelmäßigen** Verben (Kapitel 2.d):

Beispiel	Jch	gab nicht.
Langform	*J*	*did not* ***give.***
Kurzform	*J*	*didn't* ***give.***
	Jch	ging nicht.
Langform	*J*	*did not* ***go.***
Kurzform	*J*	*didn't* ***go.***

Tab. 14

Übung 2.20 Übersetze die unregelmäßigen Verben in die Langform.

go - went - gone	
1. ich ging	*J went*
2. ich ging nicht	*J did not go*
3. du gingst	
4. du gingst nicht	
5. er ging	
6. er ging nicht	
7. sie ging	
8. sie ging nicht	
9. es ging	
10. es ging nicht	
11. wir gingen	
12. wir gingen nicht	
13. ihr gingt	
14. ihr gingt nicht	
15. sie gingen	
16. sie gingen nicht	

Übung 2.21 Übersetze die unregelmäßigen Verben in die Langform.

speak spoke *spoken*	
1. ich sprach	
2. ich sprach nicht	
3. er sprach	
4. er sprach nicht	
5. wir sprachen	
6. wir sprachen nicht	
7. sie sprach	
8. sie sprach nicht	
9. du sprachst	
10. du sprachst nicht	
11. es sprach	
12. es sprach nicht	
13. sie sprachen	
14. sie sprachen nicht	
15. ihr sprachet	
16. ihr sprachet nicht	

Übung 2.22 Übersetze die unregelmäßigen Verben in die Langform oder Kurzform.

run ran run	
1. ich rannte	
2. ich rannte nicht	
3. er rannte	
4. er rannte nicht	
5. wir rannten	
6. wir rannten nicht	
7. sie rannte	
8. sie rannte nicht	
9. du ranntest	
10. du ranntest nicht	
11. es rannte	
12. es rannte nicht	
13. sie rannten	
14. sie rannten nicht	
15. ihr ranntet	
16. ihr ranntet nicht	

Übung 2.23 **Übersetze die unregelmäßigen Verben in die Langform oder Kurzform.**

bring brought *brought*	
1. ich brachte	
2. ich brachte nicht	
3. er brachte	
4. er brachte nicht	
5. wir brachten	
6. wir brachten nicht	
7. sie brachte	
8. sie brachte nicht	
9. du brachtest	
10. du brachtest nicht	
11. es brachte	
12. es brachte nicht	
13. sie brachten	
14. sie brachten nicht	
15. ihr brachtet	
16. ihr brachtet nicht	

Übung 2.24 **Übersetze die unregelmäßigen Verben in die Langform oder Kurzform.**

do did done	
1. ich tat	
2. ich tat nicht	
3. er tat	
4. er tat nicht	
5. wir taten	
6. wir taten nicht	
7. sie tat	
8. sie tat nicht	
9. du tatest	
10. du tatest nicht	
11. es tat	
12. es tat nicht	
13. sie taten	
14. sie taten nicht	
15. ihr tatet	
16. ihr tatet nicht	

Übung 2.25 **Übersetze die unregelmäßigen Verben in die Langform oder Kurzform.**

Hier kannst du aus deinen Vokabeln ein unregelmäßiges Verb auswählen.

________ ________ ________		
1. ich ...	sang	I sang
2. ich	sang nicht	I didn't sing
3. du		
4. du	nicht	
5. er		
6. er	nicht	
7. sie		
8. sie	nicht	
9. es		
10. es	nicht	
11. wir		
12. wir	nicht	
13. ihr		
14. ihr	nicht	
15. sie (alle)		
16. sie (alle)	nicht	

2.f) Fragen mit *Did ... / Didn't*

Bei der englischen Frageform mit Vollverben *(play, help ...)* musst du die Umschreibung mit *Did/Didn't...* wählen.

Did/ Didn't	*J / you / he / she / it / we / they*	*go* *play* *open*	*yesterday*[5] *...?* *last Monday ...?*

Tab. 15

Jm Deutschen wird die Vergangenheit *(Jmperfekt, Präteritum)* in Erzählungen und Märchen verwendet.

Beispiel 1: Er **ging** in das Haus und **sagte** zu seinem Sohn: "...!"

Allerdings hören sich direkte Fragesätze in der Vergangenheitsform sehr ungewohnt an:

Beispiel 2: "**Spieltest** du gestern Tennis?"

Jm Deutschen sagen wir stattdessen "**Hast** du gestern Tennis **gespielt**?". [6]

Damit die Schüler einen Übungssatz wie in Beispiel 2 nicht ins englische *Present Perfect* [7] übersetzen, wurde in den Übungen dennoch die unübliche deutsche Vergangenheit *(Jmperfekt, Präteritum)* angewendet.[8]

Die deutschen Fragesätze in den folgenden beiden Übungen hören sich deswegen etwas "gesteltzt" an.

Beispiel	Spieltest du (nicht) gestern Tennis?				
Englisch	*Did (Didn't)*	*you*	*play*	*tennis*	*yesterday ?*
Eselsbrücke	Tatest	du	(nicht) spielen	Tennis	gestern?

Tab. 16

5 Signalwörter für die *Einfache Vergangenheit/Simple Past* siehe Kapitel 4
6 Im Deutschen wird hier das Perfekt verwendet
7 Bildung mit *have + ed oder 3. Form,* siehe Kapitel 3
8 Vergleich Simple Past mit Present Perfect in Tabelle 19, S.56

Übung 2.26 Trainiere mündlich.

1. Did J go to the zoo last year? War ich letztes Jahr zu Besuch im Zoo?	*Did J go ...* *Did you go ...* ...
2. Did J visit the museum last winter? Habe letzten Winter das Museum besucht?	*Did J go ...* *Did you go ...* ...
3. Didn't J come to the game last year? War ich nicht beim Spiel letztes Jahr?	*Didn't J ...* *Didn't you ...* ...
4. Didn't J work all day two days ago? Habe ich nicht vor zwei Tagen den ganzen Tag gearbeitet?	*Didn't J ...* *Didn't you ...* ...

(Diese Übung auslassen, wenn sie verwirrt oder die Umschreibung mit *Did* bereits verstanden wurde.)

Übung 2.27 Übersetze mit Eselsbrücke.

Musst du darauf achten, ob das Verb regelmäßig oder unregelmäßig gebildet wird?

Tatest	du	gehen ... ?	
Did	*you*	*go ?*	
1. Tat	er	gehen ... ?	
2. Tat	Mama	gehen ... ?	
3. Tat	Ricky	gehen ... ?	
4. Taten	wir	gehen ... ?	
5. Taten	die Jungs	spielen ... ?	*boys, play*
6. Taten	die Millers	nicht spielen ... ?	
7. Tat	die Katze	nicht spielen ... ?	*cat*

Übung 2.28 Übersetze, ohne Eselsbrücke.

Geht	Frau Miller	... ?	
Did	*Mrs Miller*	*go ... ?*	
1. Spielten	wir	... ?	*play*
2. Schaute	er TV	... ?	*watch TV*
3. Schautest	du TV	... ?	
4. Las	Molly	... ?	*read*
5. Lasen	die Studenten	... ?	
6. Las	sie	... ?	
7. Fuhr	Mr Kelly nicht	... ?	*drive*
8. Fuhret	ihr nicht	... ?	

3 Vorgegenwart/Perfekt *(Present Perfect)*

➢ Diese Zeitform ist einfach zu lernen, wenn

- ***have/has*** [9]
- **die *-ed* - Endung**
- **und die unregelmäßigen Verben**

verinnerlicht sind.

➢ Die Form ähnelt dem deutschen Perfekt.

Beispiele

<table>
<tr><td>Grundform</td><td colspan="4">Vorgegenwart/ Perfekt</td></tr>
<tr><td>spielen</td><td>Jch</td><td>habe</td><td>gespielt.</td><td rowspan="3">im Deutschen heißt es
• haben + ge-
oder
• bin + ge-</td></tr>
<tr><td>singen</td><td>Jch</td><td>habe</td><td>gesungen.</td></tr>
<tr><td>gehen</td><td>Jch</td><td>bin</td><td>gegangen.</td></tr>
<tr><td>Grundform</td><td colspan="4">Present Perfect</td></tr>
<tr><td>play</td><td>J</td><td>have</td><td>played.</td><td rowspan="3">im Englischen immer
have/has +
-ed oder 3. Form</td></tr>
<tr><td>go</td><td>J</td><td>have</td><td>gone.</td></tr>
<tr><td>sing</td><td>J</td><td>have</td><td>sung.</td></tr>
</table>

Tab. 17

Die **Verwendung des *Present Perfect*** ist dagegen schwieriger zu verstehen.

Der Begriff *Vorgegenwart* ist manchmal verständlicher, weil er zum Ausdruck bringt, dass etwas in der Vergangenheit begonnen hat, aber Auswirkungen auf die Gegenwart hat.

9 siehe (siehe Oränsch Workbook Band 2)

Jm direkten Vergleich mit der *Einfachen Vergangenheit (Simple Past)* wird der Unterschied klarer. Daher wird die Verwendung dieser beiden Zeiten im Vergleich betrachtet (Kapitel 3.a).

Die ***Formen des Present Perfects*** in der Übersicht

<table>
<tr><th colspan="2"></th><th>be</th><th>play</th><th>go</th><th>have</th></tr>
<tr><td>J</td><td rowspan="2">have
've</td><td rowspan="2">been</td><td rowspan="2">played</td><td rowspan="2">gone</td><td rowspan="2">had</td></tr>
<tr><td>you</td></tr>
<tr><td>he</td><td rowspan="3">has
's</td><td rowspan="3">been</td><td rowspan="3">played</td><td rowspan="3">gone</td><td rowspan="3">had</td></tr>
<tr><td>she</td></tr>
<tr><td>it</td></tr>
<tr><td>we</td><td rowspan="3">have
've</td><td rowspan="3">been
bin gewesen</td><td rowspan="3">played
habe gespielt</td><td rowspan="3">gone
bin gegangen</td><td rowspan="3">had
habe gehabt</td></tr>
<tr><td>you</td></tr>
<tr><td>they</td></tr>
</table>

Tab. 18

Übung 3.1 Trainiere das *Present Perfect* **mündlich**. Sprich laut.

Regelmäßige Verben	
1. J have cleaned.	*J have cleaned.* *You have ...* *He has ...* *She ...* *Jt ...* *We ...* *You ...* *They ...*
2. J have worked until now.	*J have worked until now.* *You have worked until now.* ...
3. J have talked to him.	*J ...*
4. J have opened the window.	*J ...*
Unregelmäßige Verben	
5. J have sent the letter already.	*J have sent the letter already.* *You have sent the letter already.* ...
6. J have seen the rabbit.	*J ...*
7. J have had a shower.	*J ...*

clean putzen
work arbeiten
until now bis jetzt
talk to jmd mit jemandem sprechen
window Fenster
letter Brief
already schon
rabbit Hase
have a shower duschen

Übung 3.2 Übersetze. (Regelmäßige Verben)

er hat geholfen	*he has helped*
1. ich habe geholfen	*help*
2. du hast geholfen	
3. er hat geholfen	
4. du hast geöffnet	*open*
5. sie hat geöffnet	
6. wir haben geöffnet	
7. er hat geschaut	*watch*
8. ihr habt geschaut	
9. sie haben geschaut	
10. ich habe gelebt	*live*
11. sie hat gelebt	
12. wir haben gelebt	
13. es hat gelebt	
14. er hat gekocht	*cooked*
15. wir haben gekocht	

Übung 3.3 Übersetze. (Unregelmäßige Verben)

er hat gestohlen	he has stolen *steal*
1. ich habe gesehen	*see*
2. du hast gesehen	
3. er hat gesehen	
4. sie hat gebracht	*bring*
5. ihr habt gebracht	
6. sie haben gebracht	
7. ich bin gefallen	*fall*
8. sie ist gefallen	
9. wir sind gefallen	
10. es hat gegessen	*have lunch*
11. er hat gegessen	
12. du hast behalten	*keep*
13. sie hat behalten	
14. wir haben behalten	
15. ich habe gekauft	*buy*
16. ihr habt gekauft	
17. er hat gekauft	

Übung 3.4 Übersetze. (Regelmäßige und unregelmäßige Verben)

er hat gestohlen	*he has stolen*
1. sie hat geputzt	*clean*
2. wir sind gegangen	*go*
3. sie haben gesessen	*sit*
4. wir sind gereist	*travel*
5. ich habe gestoppt	*stop*
6. sie hat gesessen	
7. ihr habt studiert	*study*
8. ich habe gefühlt	*feel*
9. Mama hat gekocht	*cook*
10. er hat gesehen	*look*
11. es hat gefühlt	
12. sie ist gekommen	*come*
13. Pam hat kopiert	*copy*
14. ich habe verlassen	*leave*
15. es hat gekostet	*cost*
16. ihr habt gewusst	*know*
17. wir sind geflogen	*fly*

Übung 3.5 Übersetze die **Fragesätze**. (Regelmäßige und unregelmäßige Verben)

Have oder *Has ...?*

Haven't oder *Hasn't ...?*

Hat sie geputzt? Sind wir nicht gegangen?	*Has she cleaned?* *Haven't we gone?*	*clean*
1. Haben sie gesessen?		*sit*
2. Sind wir gereist?		*travel*
3. Habe ich gestoppt?		*stop*
4. Hat sie gegessen?		*have lunch*
5. Habt ihr studiert?		*study*
6. Habe ich gefühlt?		*feel*
7. Hat Mama gekocht?		*cook*
8. Hat er gesehen?		*watch*
9. Hat es (sich an)gefühlt?		*feel*
10. Jst sie gekommen?		*come*
11. Hat Pam kopiert?		*copy*
12. Habe ich verlassen?		*leave*
13. Hat es nicht gekostet?		*cost*
14. Habt ihr nicht gewusst?		*know*
15. Sind wir nicht geflogen?		*fly*

Übung 3.6 Setze die fehlenden Wortgruppen in die Lücken ein.

Achte auf die richtige Schreibweise.

Beachte das jeweilige Personalpronomen / Namenwort.

Einfache Gegenwart *Simple Present*	Einf. Vergangenheit *Simple Past*	Vorgegenwart *Present Perfect*
1. they spray		
2.	you phoned	
3.		they have tried
4.	he talked	
5. they marry		
6.	J climbed	
7.		it has closed
8.	it stopped	
9. we count		
10.	J helped	
11.		the girls have lived
12.	he watched	

Übung 3.7 Setze die fehlenden Wortgruppen in die Lücken ein.

Achte auf die richtige Schreibweise.

Beachte das jeweilige Personalpronomen / Namenwort.

Einfache Gegenwart *Simple Present*	Einf. Vergangenheit *Simple Past*	Vorgegenwart *Present Perfect*
1.		J have played
2.	she listened	
3. you work		
4.	Danny cleaned	
5.		we have controlled
6.	she needed	
7. J travel		
8.	you cried	
9.		they have started
10.	Susan looked	
11. she takes		
12.	Mrs Baker slept	

3.a) Jm Vergleich: *Past Simple* und *Present Perfect*

	Einfache Vergangenheit (Simple Past)		**Vorgegenwart (Present Perfect)**	
Verwendung	• Gibt einen **Zeitpunkt** in der Vergangenheit an ? • **Wann** war es ?		• **Resultat** einer Handlung wichtig • Vorgang, der in der Vergangenheit begonnen hat und bis in die Gegenwart andauert oder dessen Auswirkungen bis in die Gegenwart reichen	
Signal-wörter	***yesterday*** ***last Monday*** ***last week*** ***in 2002*** ***two years ago***	**gestern** **letzten Montag** **letzte Woche** **im Jahr 2002** **vor zwei Jahren**	***already*** ***not yet*** ***ever*** ***never*** ***just*** ***up to now***	**schon** **noch nicht** **jemals** **nie** **gerade eben** **bis jetzt**
Bildung	+ -ed: 2. Form:	*J worked yesterday.* *J went home on Friday.*	have/has + -ed: have/has + 3. Form:	*J have already worked.* *(Jetzt bin ich fertig.)* *J have just gone.* *(Jch bin schon weg.)*
Verneinung	*J didn't work last Monday, but on Friday.* *J didn't go there yesterday.*		*J haven't worked yet. (Aber bald.)* *J haven't gone there yet. (Bis jetzt noch nicht.)*	
Frage	*Did you work on weekend ? No, on Friday.* *Did you go there on Friday ? Yes, J did.*		*Have you already worked ...? (Bist du fertig ?)* *Have you ever been to Alaska? (Warst du jemals in Alaska?)*	

Tab. 19

4 Signalwörter im Überblick: Zeitformen eindeutig zuordnen

Eine große Hilfe, englische Zeiten zu verstehen, sind die dazugehörigen **Signalwörter**.

Signalwörter gehören zu den **Zeitwörtern (Zeitadverbien)**.

Es gibt zwar Überschneidungen in der Verwendung der **Signalwörter**, aber vor allem bei diesen Zeiten helfen die kleinen Wörter:

Simple Present	gewöhnlich *usually* / oft *often* / niemals *never*
Present Continous	jetzt *now* / im Moment *at the moment*
Simple Past	gestern *yesterday* / vor 3 Jahren *3 years ago*
Present Perfect	seit *since* / schon *already* / noch nie. *not ... yet*

Tab. 20

Für das Karteikartentraining wird empfohlen, für jede der genannten Zeitformen **ein bis zwei Signalwörter** einzuüben.

Karteikarten mit Merksatz erleichtern das Vokabel-Training, aber können auch speziell für das **Training der Signalwörter und Zeiten** benutzt werden.

Die Sätze aus den Übungen 4.1, 4.2, 4.3 und 4.4 können als Anregung für Karteikarten dienen.

Vorderseite	Rückseite
now	jetzt, gerade Er geht gerade heim. He is going home ____.

Tab. 21 Muster einer Karteikarte mit Merksatz [10]

10 Karteikarten-Training mit Merksatz, nach Alfi & Betti Grundwortschatzkarten, Verlag für kognitive Lernförderung, www.vekole.de

Übersicht der Zeitformen und Signalwörter

Zeitform	Signalwörter		Beispiel
Einfache Gegenwart ***(Simple Present)***	*every day* *sometimes* *always* *often* *usually* *never* *first ... then*	jeden Tag manchmal immer oft gewöhnlich niemals erst ... dann	*I work* *he works* *I go* *he goes*
Verlaufsform der Gegenwart ***(Present Continous)***	*now* *at the moment* *Look!* *Listen!*	jetzt im Moment Schau mal! Hör mal!	*I am working* *I'm working* *he is working* *he's working*
Einfache Vergangenheit ***(Simple Past)***	*last May* *3 years ago* *in 1990* *yesterday*	... letzten Mai vor 3 Jahren im Jahre 1990 gestern	*I worked* *he worked* *I went* *he went*
Vorgegenwart/ Perfekt ***(Present Perfect)***	*just* *not ... yet* *never* *ever* *already* *up to now* ***Zum Teil:*** *since* *for years* *recently*	gerade eben noch nicht niemals jemals schon bis jetzt seitdem seit Jahren kürzlich	*I have worked* *I've worked* *He has worked* *he's worked*

Tab. 22

Übung 4.1 **Einfache Gegenwart *(Simple Present)***

Übersetze die Signalwörter (unterstrichen). Lies laut!

1. Jch frühstücke jeden Tag.

   J eat breakfast ________________.

2. Sie geht manchmal abends spazieren.

   She ________________ goes for a walk in the evening.

3. Er putzt sich immer die Zähne vor dem Schlafengehen.

   He ________________ brushes his teeth before bedtime.

4. Wir schauen oft Filme am Wochenende.

   We ________________ watch movies on the weekends.

5. Sie essen gewöhnlich Abendbrot um 19 Uhr.

   They ________________ have dinner at 7 PM.

6. Der Bus kommt nie pünktlich.

   The bus ________________ arrives on time.

7. Zuerst wache ich auf und dann dusche ich.

   ________________, J wake up, and ________________

   J take a shower.

8. Die Schüler hören während des Unterrichts immer dem Lehrer zu.

   The students ________________ listen to the teacher in class.

9. Sie besucht sonntags manchmal ihre Großeltern.

   She ________________ visits her grandparents on Sundays.

10. Wir gehen gewöhnlich samstags einkaufen.

    We ________________ go shopping on Saturdays.

sometimes – manchmal

every day – jeden Tag

often – oft

usually – gewöhnlich

never – niemals

First , ,... then

Zuerst ... ,dann

always – immer

Übung 4.2 **ing- Form (Verlaufsform der Gegenwart, *Present Continous*)**

Übersetze die Signalwörter (unterstrichen). Lies laut!

1. Jch schreibe jetzt eine Nachricht.

   J am typing a message ______________.

2. Jm Moment arbeite ich an einem Projekt.

   ______________ *J am working on a project.*

3. Schau! Die Kinder spielen im Park!

   ______________*! The children are playing in the park.*

4. Hör mal! Jch kann Musik aus dem Raum nebenan hören.

   ______________*! J can hear music coming from the next room.*

5. Er lernt jetzt für seine Prüfungen.

   He is studying for his exams ______________.

6. Jm Moment schauen sie einen Film.

   ______________ *they are watching a movie.*

7. Sieh! Der Hund jagt die Katze im Hof.

   ______________*! The dog is chasing the cat in the backyard.*

8. Jch koche jetzt das Abendessen.

   J am cooking dinner ______________.

9. Hör mal! Kannst du hören wie der Regen an das Fenster klopft?

   ______________*! Can you hear the rain tapping on the window?*

10. Jm Moment diskutieren wir wichtige Angelegeheiten.

    ______________ *we are discussing important matters.*

now – jetzt

at the moment – im Moment

Look! - Schau!

Listen! - Hör mal!

Übung 4.3 **Einfache Vergangenheit *(Simple Past)***

Übersetze die Signalwörter (unterstrichen). Lies laut!

1. Jch besuchte letzten Mai Paris.

   J visited Paris ________________.

2. Sie machte ihren College-Abschluss vor drei Jahren.

   She graduated from college ________________.

3. Jm Jahr 1990 kauften meine Eltern ihr erstes Auto.

   ________________ my parents bought their first car.

4. Wir gingen gestern zum Strand.

   We went to the beach .

5. Er schaffte seinen ersten Marathon letzten Juni.

   He completed his first marathon ________________.

6. Jch lernte meinen besten Freund vor zehn Jahren kennen.

   J met my best friend ________________.

7. Jm Jahre 2007 feierten wir unseren Jahrestag.

   ________________ we celebrated our anniversary.

8. J schaute gestern einen Film.

   J watched a movie ________________.

9. Letzten April reisten sie nach Japan.

   ________________ they traveled to Japan.

10. Jch fing vor zwei Jahren an Klavier zu spielen.

    J started learning to play the piano ________________.

last year - letztes Jahr

one year ago – vor einem Jahr

Jn 2010 – Jm Jahr 2010

Yesterday – gestern

May - Mai

June - Juni

April - April

Übung 4.4 **Vorvergangenheit *(Present Perfect)***

Übersetze die Signalwörter (unterstrichen). Lies laut!

1. Jch habe gerade meine Hausaufgaben begonnen. *J have ______________ begun my homework.*	
2. Sie hat noch nicht gegessen. *She has ______________ eaten lunch ______________.*	
3. Wir haben nie dieses Museum besucht. *We have ______________ visited that museum.*	
4. Warst du jemals in Paris? *Have you ______________ been to Paris?*	*just – gerade* *not ... yet – noch nicht* *never - nie*
5. Er hat den Film schon gesehen. *He has ______________ seen the new movie.*	*ever – jemals* *already – schon*
6. Bis jetzt sind sie sehr glücklich gewesen. *______________ they have been very happy.*	*up to now – bis jetzt* *since last year– seit letzem Jahr*
7. Jch studiere Englisch seit letztem Jahr. *J have been studying English ______________.*	*for years – seit Jahren* *recently – vor kurzem*
8. Wir leben seit Jahren in dieser Stadt. *We have lived in this city ______________.*	
9. Sie hat vor kurzem einen neuen Job angefangen. *She has ______________ started a new job.*	
10. Hast du jemals Sushi versucht? *Have you ______________ tried sushi?*	

5 Zukünftiges mit *Will-Future* oder *Going-to-Future*

5.a) Die Zukunft mit *Will-Future*

Das *Will-Future* wird verwendet bei

- der (unbegründeten) Vorhersage einer Handlung oder eines Vorganges:

  Tomorrow the sun will shine.

  Morgen scheint die Sonne. (Es könnte aber auch regnen.)

- einem spontanen Entschluss:

  J will get you a drink.

  Jch hole dir ein Getränk.

- im Hauptsatz der *if-Sätze Typ1*[11]

5.b) Die Formen des *Will-Future*

	Aussage		**Verneinung**
ich werde gehen	***J***		
du wirst gehen	***you***		
er wird gehen	***he***		
sie wird gehen	***she***	***will go***	***will not go*** (Langform)
es wird gehen	***it***	***'ll go***	***won't go*** (Kurzform)
wir werden gehen	***we***		
ihr werdet gehen	***you***		
sie werden gehen	***they***		

Tab. 23

11 siehe ORÄNDSCH Workbook Band 5

Übung 5.1

Trainiere das *Will-Future* **mündlich** in der **Langform** und sprich dabei **laut**.

Dasselbe wiederholst du in der **Kurzform**.

Langform		**Verneinung**
1. ich werde verlassen	*I will leave ...* *you will leave ...* *he will ...* *she ...* *it ...* *we ...* *you ...* *they ...*	*I will not leave...* ...
2. ich werde gehen	*I will go ...*	...
3. ich werde sein	*I will be ...*	...
Kurzform		
4. ich werde haben	*I'll have ...*	*I won't have ...*
5. ich werde lernen	*I'll will learn ...*	...
6. ich werde nehmen	*I'll take ...*	...

Übung 5.2 *Will-Future*. Übersetze in die Langform. Achte auf die Verneinung.

ich werde haben ich werde nicht haben	*J will have* *J will not have*
1. ich werde leben	*live*
2. er wird haben	*have*
3. wir werden gehen	*go*
4. ihr werdet fliegen	*fly*
5. sie wird finden	*find*
6. du wirst mögen	*like*
7. es wird sein	*be*
8. es wird nicht sein	
9. ihr werdet nicht fliegen	
10. ich werde nicht planen	*plan*
11. sie werden nicht kommen	*come*
12. sie wird kommen	
13. wir werden nicht fliegen	
14. sie werden haben	
15. er wird nicht kommen	
16. ich werde nicht gehen	

Übung 5.3 *Will-Future*. Übersetze in die Kurzform. Achte auf die Verneinung.

ich werde bekommen ich werde nicht bekommen	*I'll get* *I won't get*
1. ich werde leben	*live*
2. er wird haben	*have*
3. wir werden gehen	*go*
4. ihr werdet fliegen	*fly*
5. sie wird finden	*find*
6. du wirst mögen	*like*
7. es wird sein	*be*
8. es wird nicht sein	
9. ihr werdet nicht fliegen	*plan*
10. ich werde nicht planen	
11. sie werden nicht kommen	
12. sie wird kommen	
13. wir werden nicht fliegen	
14. sie werden haben	
15. er wird nicht kommen	
16. ich werde nicht gehen	

5.c) Die Frageform des *Will-Future*

Werde ich gehen?	***Will***	***I go?***
Wirst du gehen?		***you go?***
Wird er gehen?		***he go?***
Wird sie gehen?		***she go?***
Wird es gehen?		***it go?***
Werden wir nicht gehen?	***Won't***	***we go?***
Werdet ihr nicht gehen?		***you go?***
Werden sie nicht gehen?		***they go?***

Tab. 24

Übung 5.4 Übersetze die **Frageform**.

Wirst du (nicht) leben?	*Will (Won't) you live?*
1. Wirst du leben?	*live*
2. Wird er haben?	*have*
3. Werden wir gehen?	*go*
4. Wirst du fliegen?	*fly*
5. Werden sie finden?	*find*
6. Wirst du mögen?	*like*
7. Wird es sein?	*be*
8. Wird es nicht sein?	
9. Wirst du nicht fliegen?	
10. Wirst du nicht planen?	*plan*
11. Wird sie nicht kommen?	*come*
12. Wird sie kommen?	
13. Werden wir fliegen?	
14. Werden sie haben?	

5.d) Konkrete Pläne mit dem *Going-to-Future*

Jm Englischen gibt es eine **zweite Zeitform für Zukünftiges.**[12]

Das *Going-To-Future* wird verwendet bei

- bestehenden **Absichten** oder **konkreten Plänen:**

  *Next year, **J am going to study** in London.*

  Nächstes Jahr werde ich in London studieren.

  >> Es lässt sich absehen.

- **logischen Schlussfolgerungen:**

  *This car **is not going to drive** anymore. Jt is fully damaged.*

  >> Dieses Auto wird nicht mehr fahren. Es hat einen Totalschaden.

Tipp:

Sämtliche Formen von *be **(J am, you are...)*** aus dem ORÄNDSCH Workbook Band 1 sollten automatisch abrufbar sein, sowohl in der Langform als auch in der Kurzform.

Beispiel mit wörtlicher Übersetzung als Eselsbrücke

Bildung		***am/are/is***	***+ going to***	***+ Verb***
Englisch	***J***	***am***	***going to***	***study.***
Eselsbrücke	Jch	bin	gehend zu	studieren.
Deutsch	Jch	habe die Absicht zu		studieren.

Tab. 25

12 Ein Vergleich zwischen *Will-Future* und *Going-To-Future* befindet sich in Abschnitt 5.f).

5.e) Die Formen des *Going-to-Future*

Aussageform

			am/are/is	***(not) going to***	***+ Verb***
ich werde		*J*	*am*		
du wirst		*you*	*are*		
er wird		*he*	*is*		
sie wird		*she*	*is*		
es wird	spielen	*it*	*is*	*(not) going to*	*play*
wir werden		*we*	*are*		
ihr werdet		*you*	*are*		
sie werden		*they*	*are*		

Tab. 26

Fragesatz

		Am/Are/Js		***(not) going to***	***+ Verb***
Werde ich		*Am*	*J*		
Wirst du		*Are*	*you*		
Wird er		*Js*	*he*		
Wird sie		*Js*	*she*		
Wird es	spielen ?	*Js*	*it*	*(not) going to*	*play ?*
Werden wir		*Are*	*we*		
Werdet ihr		*Are*	*you*		
Werden sie		*Are*	*they*		

Tab. 27

Übung 5.5 Trainiere das *Going-to-Future* **mündlich in der Langform.**

Sprich laut.

1. **ich werde verlassen/abreisen**	*J am going to leave* *you are going to leave* *he is going to ...* *she is going ...* *it is ...* *...*
2. **ich werde gehen**	*J am going to go* *...*
3. **ich werde sein**	*J am going to be* *...*
4. **ich werde nicht haben**	*J am not going to have* *...*
5. **ich werde nicht gehen**	*J am not going to go* *...*
6. **Werde ich fliegen?**	*Am J going to fly?* *Are you not going to fly?* *...*
7. **Werde ich nicht haben?**	*Am J not going to have?* *Are you not going to have?* *Js he not going to have?* *...*

Übung 5.6 Trainiere das *Going-to-Future* **mündlich in der Kurzform.**

Sprich laut.

1. **ich werde verlassen/abreisen**	*J'm going to leave* *you're going to ...* ...
2. **ich werde gehen**	*J'm going to be* *you're ...* ...
3. **ich werde sein**	*J'm ...* *you're ...* ...
4. **ich werde nicht haben**	*J'm not going to have* *you're ...* ...
5. **ich werde nicht gehen**	*J'm not going to go* *you're ...* ...
6. **Werde ich fliegen?**	*Am J going to fly?* *Are you not going to fly?* ...
7. **Werde ich nicht haben?**	*Am J not going to have?* *Aren't you going to fly?* *Jsn't he going to fly?* ...

Übung 5.7 *Going-to-Future*, wenn Dinge in der Zukunft ganz konkret sind.

(z. B. Ticket ist gebucht)

Übersetze in die **Langform**.

ich werde sein ich werden nicht sein	*J am going to be* *J am not going to be* *be*
1. ich werde leben	*live*
2. er wird haben	*have*
3. wir werden gehen	*go*
4. ihr werdet fliegen	*fly*
5. sie wird finden	*find*
6. du wirst mögen	*like*
7. es wird sein	*be*
8. es wird nicht sein	
9. ihr werdet nicht fliegen	
10. ich werde nicht planen	
11. sie werden nicht kommen	*come*
12. sie wird nicht kommen	
13. wir werden nicht fliegen	
14. sie werden haben	
15. er wird nicht kommen	
16. ich werde nicht gehen	

Übung 5.8 *Going-to-Future.*

Übersetze in die **Kurzform**.

sie wird haben sie wird nicht haben	*she's going to have* *She isn't going to have*
1. ich werde leben	*live*
2. er wird haben	*have*
3. wir werden gehen	*go*
4. ihr werdet fliegen	*fly*
5. sie wird finden	*find*
6. du wirst mögen	*like*
7. es wird sein	*be*
8. es wird nicht sein	
9. ihr werdet nicht fliegen	
10. ich werde nicht planen	
11. sie werden nicht kommen	*come*
12. sie wird nicht kommen	
13. wir werden nicht fliegen	
14. sie werden haben	
15. er wird nicht kommen	
16. ich werde nicht gehen	

Übung 5.9 *Going-to-Future* und die **Frageform**.

Wirst du leben in Paris? Wirst du nicht leben in Paris?	*Are you going to live in Paris?* *Aren't you going to live in Paris ...?*
1. Wirst du leben?	*live*
2. Wird er haben?	*have*
3. Werden wir gehen?	*go*
4. Werdet ihr fliegen?	*fly*
5. Werden sie finden?	*find*
6. Wirst du mögen?	*like*
7. Wird es sein?	*be*
8. Wird es nicht sein?	
9. Werdet ihr nicht fliegen?	
10. Wirst du nicht planen?	
11. Wird sie nicht kommen?	
12. Wird sie kommen?	
13. Werden wir fliegen?	
14. Werden wir sie haben?	
15. Wird er nicht kommen?	*come*
16. Werde ich nicht kommen?	

5.f) Jm Vergleich: *Will-Future* und *Going-to-Future*

	Will-Future	***Going-To-Future***
Verwendung	• Vorhersagen • Vermutungen • spontaner Entschluss • bei if-Sätzen (Typ 1) im Hauptsatz	• bestehende Absicht • Pläne • logische Schlußfolgerung
	Keine eindeutigen Signalwörter	
Bildung	*J will go there.* *J'll go there.*	*J am going to learn Spanish next year.* *J'm going to learn ... .*
Verneinung	*J will not go there.* *J won't ... .*	*J am not going to learn Spanish this year, but next year.* *J'm not going to learn ... .*
Frage	*Will you go there?* *Won't you go there?*	*Are you going to learn Spanish next year?* *Aren't you going to learn ... ?*

Tab. 28

Lösungen

Lösung zu Übung 1.1

ich spiel**te** J play**ed**
ich koch**te** J cook**ed**

ich spr**ach** ich t**at**
J sp**o**ke J t**old**

Bei den unregelmäßigen Verben ändert sich in der 2. und 3. Form der Wortstamm.

Lösung zu Übung 1.2 /Abbildung 4:

Regelmäßige Verben in der Vergangenheit werden mit *-ed* gebildet, z. B. *opened*

Unregelmäßige Verben mit Stammwechsel z. B. *go went gone*

Lösung zu Übung 1.3

write	wrote	written	schreiben
take	took	taken	nehmen
give	gave	given	geben
fall	fell	fallen	fallen
eat	ate	eaten	essen
speak	spoke	spoken	sprechen
break	broke	broken	brechen
forget	forgot	forgotten	vergessen
drive	drove	driven	fahren
ride	rode	ridden	reiten

Lösung zu Übung 1.4

1. check, checked
2. plan, planned
3. love, loved
4. happen, happened
5. look, looked
6. cry, cried
7. live, lived
8. answer, answered
9. want, wanted
10. open, opened
11. look, looked
12. visit, visited
13. ask, asked
14. carry, carried
15. stay, stayed

Lösung zu Übung 1.5

1. play, played
2. listen, listened
3. help, helped
4. like, liked
5. clean, cleaned
6. watch, watched
7. cook, cooked
8. stop, stopped
9. borrow, borrowed
10. collect, collected
11. finish, finished
12. talk, talked
13. step, stepped
14. arrive, arrived
15. follow, followed

Lösung zu Übung 1.6

have 1. Spalte —— ——

went —— 2. Spalte ——

slept —— 2. Spalte 3. Spalte

come 1. Spalte —— 3. Spalte

do 1. Spalte —— ——

made —— 2. Spalte 3. Spalte

broken —— —— 3. Spalte

met —— 2. Spalte 3. Spalte

say 1. Spalte —— ——

put 1. Spalte 2. Spalte 3. Spalte

seen —— —— 3. Spalte

caught —— 2. Spalte 3. Spalte

swam —— 2. Spalte ——

knew —— 2. Spalte 3. Spalte

Lösung zu Übung 1.7

1. write	wrote	written	schreiben
2. sing	sang	sung	singen
3. get	got	got	bekommen
4. sleep	slept	slept	schlafen
5. stand	stood	stood	stehen
6. leave	left	left	verlassen
7. make	made	made	machen
8. bring	brought	brought	bringen
9. eat	ate	eaten	essen
10. teach	taught	taught	unterrichten
11. give	gave	given	geben
12. say	said	said	sagen
13. think	thought	thought	denken
14. read	read	read	lesen

Lösung zu Übung 1.8

1. wear	wore	worn	tragen
2. have	had	had	haben
3. stand up	stood up	stood up	aufstehen
4. hear	heard	heard	hören
5. put	put	put	setzen, stellen, legen
6. forget	forgot	forgotten	vergessen
7. mean	meant	meant	meinen
8. tell	told	told	erzählen
9. speak	spoke	spoken	sprechen
10. meet	met	met	treffen
11. go	went	gone	gehen
12. fly	flew	flown	fliegen
13. drive	drove	driven	fahren

Lösung zu Übung 2.1

1. I was
2. you were
3. he was
4. she was
5. it was
6. we were
7. you were
8. they were
9. you were
10. I was
11. she was
12. it was
13. he was
14. you were
15. you were
16. I was
17. we were
18. I was

Lösung zu Übung 2.2

1. I was not
2. you were not
3. he was not
4. she was not
5. it was not
6. we were not
7. you were not
8. they were not

Lösung zu Übung 2.3

1. we were not
2. she was not
3. you were not
4. it was not
5. you were not
6. they were not
7. I was not
8. he was not

Lösung zu Übung 2.4

1. he wasn't
2. she was not
3. it wasn't
4. we weren't
5. you weren't
6. they weren't

Lösung zu Übung 2.5

1. you weren't
2. he wasn't
3. we weren't
4. I wasn't
5. they weren't
6. she wasn't
7. you weren't
8. it wasn't

Lösung zu Übung 2.6

1. J wasn't	2. you were	3. he wasn't	4. she wasn't
5. it was	6. we weren't	7. you were	8. they weren't
9. you were	10. J was	11. she wasn't	12. it wasn't
13. he was	14. you were	15. you weren't	16. J wasn't
17. we weren't	18. J was		

Lösung zu Übung 2.7

1. helped	2. cleaned	3. watched	4. looked
5. shouted	6. walked	7. joked	8. shared
9. cared	10. lived		

Lösung zu Übung 2.8

1. tipped	2. shopped	3. ticked	4. tricked
5. dropped	6. topped	7. flipped	8. travelled
9. preferred			

Lösung zu Übung 2.9

1. hate	2. skated	3. rated	4. invited
5. wanted	6. painted	7. waited	

Lösung zu Übung 2.10

1. copied	2. studied	3. envied	4. cried
5. denied			

Lösung zu Übung 2.11

	1. cleaned	2. cooked	3. dropped
4. fitted	5. hated	6. helped	7. joked
8. lived	9. looked	10. mixed	11. pull
12. shared	13. skated	14. talked	15. ticked
16. tripped	17. walked	18. watched	19. used

Lösung zu Übung 2.12

1. J lived	2. you helped	3. he walked	4. they kicked
5. we painted	6. she danced	7. you talked	8. J looked
9. you jumped	10. it closed	11. he asked	12. she learned
13. J guessed	14. we asked		

Lösung zu Übung 2.13

1. he questioned	2. J hurried	3. she turned	4. we flipped

5. they covered	6. you washed	7. they elected	8. J composed
9. he destroyed	10. we showed	11. J asked	12. she decided
13. you cooked	14. it fitted		

Lösung zu Übung 2.14 Das **o** aus **not** wurde mit einem **'** ersetzt.

Lösung zu Übung 2.15

he did not play	he didn't play
she did not play	she didn't play
it did not play	it didn't play
we did not play	we didn't play
they did not play	they didn't play

Lösung zu Übung 2.16

1. he liked	2. he didn't like	3. you liked	4. you didn't like
5. we played	6. we didn't play	7. you played	8. you didn't play
9. she cooked	10. she didn't cook	11. we cooked	12. we didn't cook
13. it rained	14. it didn't rain		

Lösung zu Übung 2.17

1. J talked	2. J didn't talk	3. she talked	4. she didn't talk
5. you played	6. you didn't play	7. we loved	8. we didn't love
9. he loved	10. he didn't love	11. J stopped	12. J didn't stop
13. they stopped	14. they didn't stop		

Lösung zu Übung 2.18

1. he planned	2. he didn't plan	3. you planned	4. you didn't plan
5. we visited	6. we didn't visit	7. they visited	8. they didn't visit
9. she carried	10. she didn't carry	11. we carried	12. we didn't carry
13. J danced	14. J didn't dance		

Lösung zu Übung 2.19

1. they used	2. they didn't use	3. she used	4. she didn't use
5. we tried	6. we didn't try	7. he tried	8. he didn't try
9. J washed	10. J didn't wash	11. he washed	12. he didn't wash

Lösungen zu

Übung 2.20	Übung 2.21	Übung 2.22	Übung 2.23	Übung 2.25
1. J went	J spoke	J ran	J brought	J did
2. J didn't go	J didn't speak	J didn't run	J didn't bring	J didn't do
3. you went	she spoke	he ran	he brought	he did
4. you didn't go	she didn't speak	he didn't run	he didn't bring	he didn't do
5. he went	we spoke	we ran	we brought	we did
6. he didn't go	we didn't speak	we didn't run	we didn't bring	we didn't do
7. she went	he spoke	she ran	she brought	she did
8. she didn't go	he didn't speak	she didn't run	she didn't bring	she didn't do
9. it went	you spoke	you ran	you brought	you did
10. it didn't go	you didn't speak	you didn't run	you didn't bring	you didn't do
11. we went	it spoke	it ran	it brought	it did
12. we didn't go	it didn't speak	it didn't run	it didn't bring	it didn't do
13. you went	they spoke	they ran	they brought	they did
14. you didn't go	they didn't speak	they didn't run	they didn't bring	they didn't do
15. they went	J spoke	J ran	you brought	you did
16. they didn't go	J didn't speak	J didn't run	you didn't bring	you didn't do

Lösung zu Übung 2.27

Nein. Auf die Umschreibung mit *did* folgt immer die Verb-Grundform: *go, see, keep ...*

1. Did he go?
2. Did Mama go?
3. Did Ricky go?
4. Did we go?
5. Did the boys play?
6. Didn't the Millers play?
7. Didn't the cat play?

Lösung zu Übung 2.28

1. Did we play?
2. Did he watch TV?
3. Did you watch TV?
4. Did Molly read?
5. Did the students read?
6. Did she read?
7. Didn't Mr Kelly drive?
8. Didn't you drive?

Lösung zu Übung 3.2

1. J have helped
2. you have helped
3. he has helped
4. you have opened
5. she has opened
6. we have opened
7. he has watched
8. you have watched
9. they have watched
10. J have lived
11. she has lived
12. we have lived
13. it has lived
14. he has cooked
15. we have cooked

Lösung zu Übung 3.3

1. J have seen
2. you have seen
3. he has seen
4. she has brought
5. you have brought
6. they have brought
7. J have fallen
8. she has fallen
9. we have fallen
10. it has eaten
11. he has eaten
12. you have kept
13. she has kept
14. we have kept
15. J have bought
16. you have bought
17. he has bought

Lösung zu Übung 3.4

1. she has cleaned
2. we have gone
3. they have sat
4. we have travelled
5. J have stopped
6. she has sat
7. you have studied
8. J have felt
9. Mum has cooked
10. he has looked
11. it has felt
12. she has come
13. Pam has copied
14. J have left
15. it has cost
16. you have known
17. we have flown

Lösung zu Übung 3.5

1. Have they sat?
2. Have we travelled?
3. Have J stopped?
4. Has she had lunch?
5. Have you studied?
6. Have J felt?
7. Has Mum cooked?
8. Has he watched?
9. Has it felt?
10. Has she come?
11. Has Pam copied?
12. Have J left?
13. Hasn't it cost?
14. Haven't you known?
15. Haven't we flown?

Lösung zu Übung 3.6

1. they spray	they sprayed	they have sprayed
2. you phone	you phoned	you have phoned
3. they try	they tried	they have tried
4. he talks	he talked	he has talked
5. they marry	they married	they have married
6. J climb	J climbed	J have climbed
7. it closes	it closed	it has closed
8. it stops	it stopped	it has stopped
9. we count	we counted	we have counted
10. J help	J helped	J have helped
11. the girls live	the girls lived	the girls have lived
12. he watches	he watched	he has watched

Lösung zu Übung 3.7

1. J play	J played	J have played
2. she listens	she listened	she has listened
3. you work	you worked	you have worked
4. Danny cleans	Danny cleaned	Danny has cleaned
5. we control	we controlled	we have controlled
6. she needs	she needed	she has needed
7. J travel	J travelled	J have travelled
8. you cry	you cried	you have cried
9. they start	they started	they have started
10. Susan looks	Susan looked	Susan has looked
11. she takes	she took	she has taken
12. Mrs Baker sleeps	Mrs Baker slept	Mrs Baker has slept

Lösung zu Übung 4.1

1. every day
2. sometimes
3. always
4. often
5. usually
6. never
7. First ..., then
8. always
9. sometimes
10. usually

Lösung zu Übung 4.2

1. now
2. at the moment
3. Look!
4. Listen!
5. now
6. At the moment
7. Look!
8. now
9. Look!
10. At the moment

Lösung zu Übung 4.3

1. last May
2. three years ago
3. Jn 1990
4. yesterday
5. last June
6. ten years ago
7. Jn 2007
8. yesterday
9. Last April
10. two years ago

Lösung zu Übung 4.4

1. just
2. not .... yet
3. never
4. ever
5. already
6. Up to now
7. since last year
8. for years
9. recentliy
10. ever

Lösung zu Übung 5.2

1. J will live
2. he will have
3. we will go
4. you will fly
5. she will find
6. you will like
7. it will be
8. it will not be
9. you will not fly
10. J will not plan
11. they will not come
12. she will come
13. we will not fly
14. they will have
15. he will not come
16. J will not go

Lösung zu Übung 5.3

1. J'll live
2. he'll have
3. we'll go
4. you'll fly
5. she'll find
6. you'll like
7. it'll be
8. it won't be
9. you won't fly
10. J won't plan
11. they won't come
12. she'll come
13. we'll not fly
14. they'll have
15. he won't come
16. J won't go

Lösung zu Übung 5.4

1. Will you live?
2. Will he have?
3. Will we go?
4. Will you fly?
5. Will they find?
6. Will you like?
7. Will it be?
8. Won't it be?
9. Won't you fly?
10. Won't you plan?
11. Won't she come?
12. Will she come?
13. Will we fly?
14. Will they have?

Lösung zu 5.7

1. J am going to live
2. he is going to have
3. we are going to go
4. you are going to fly
5. she is going to find
6. you are going to like
7. it is going to be
8. it is not going to be
9. you are not going to fly
10. J am not going to plan
11. they are not going to come
12. she is going to come
13. we are not going to fly
14. they are going to have
15. he is not going to come
16. J am not going to go

Lösung zu Übung 5.8

1. J'm going to live
2. he's going to have
3. we're going to go
4. you're going to fly
5. she's going to find
6. you're going to like
7. it's going to be
8. it isn't going to be
9. you aren't going to fly
10. J'm not going to plan
11. they aren't going to come
12. she's going to come
13. we aren't going to fly
14. they're going to have
15. he's not going to come
16. J'm not going to go

Lösung zu Übung 5.9

1. Are you going to live?
2. Js he going to live?
3. Js he goning to be?
4. Are you going to fly
5. Are they going to find?
6. Are you goning to leave?
7. Js it going to be?
8. Jsn't it goning be?
9. Aren't you going to fly?
10. Aren't you going to plan?
11. Jsn't she going to come?
12. Js she going to come?
13. Are we going to fly?
14. Are they going to have?
15. Jsn't he going to come?
16. Am J not going to come?